Lazy way to WELSH

Concept and cartoons: FLANN O'RIAIN

Nodyn
(Note)

Warning: this book isn't a textbook! You will see, as you go through it, frequent requests for you to consult a grammar book or dictionary. Do this, and then, hopefully having been inspired by this book, start on a more conventional, structured Welsh course.

The most popular course that we publish is *Welcome to Welsh*, with cassette. Another similar course aimed mainly at teenagers, to be published this summer, is *Shwmae!*, also with cassette. If you do not feel you want to start so soon on a full course, the ideal way then is *Welsh is Fun* and its sequel, *Welsh is Funtastic*. Like this book, they use cartoons as the main medium of instruction, but also include basic grammar, vocabulary and exercises. There are further details in the advertisements at the end of this book.

Even fuller and more advanced Welsh courses are obviously available. The most ambitious is published by Acen, 24 Heol yr Eglwys Gadeiriol, Caerdydd (Cardiff) CF1 9LJ, tel. Caerdydd 786 522. This includes a magazine, television programmes and videos. General information about courses and activities for learners can be had from Cyfeillion y Dysgwyr, Yr Hen Goleg, Ffordd y Brenin, Aberystwyth SY23 2AX, tel. Aberystwyth 623 111.

But now forget all that. Relax and enjoy the gentle humour of the easiest, laziest introduction to Welsh ever published.

Fi—Me
Ti—You
Fe, e/fo, o—You, him
Hi—She, her

Ti—familiar form of 'you' between friends

fe, e—*South Wales form of* 'he', 'him'
fo, o—*North Wales form of* 'he', 'him'

Ni—Us
Chi—You
Nhw—Them, they

Chi—*plural and formal form of* 'you'

Rydw i yn mynd mâs/allan—I am going out
Dydw i ddim yn mynd mâs/allan—I am not going out.
Maen nhw yn dod—They are coming
Maen nhw yn mynd—They are going
Rydw i yn rhedeg—I am running
Rydw i yn rhedeg hefyd—I am running also
Dydw i ddim yn rhedeg—I am not running

Rydw i—I am
Rwyt ti—you are
Mae e, o/hi—he/ she is
Rydyn ni—we are
Rydych chi—you are
Maen nhw—they are
Mae'r plant—the children are

Dydw i ddim—I am not
Dwyt ti ddim—you are not
Dydy e, o/hi ddim—he/she is not
Dydyn ni ddim—we are not
Dydych chi ddim—you are not
Dydyn nhw ddim—they are not
Dydy'r plant ddim—the children are not

Mâs = Out *(S.W.)*
Allan = Out *(N.W.)*

Ydych chi yn dod?—Are you coming?
Rydyn ni yn darllen—We are reading
Dydw i ddim yn siarad—I am not talking
Rydyn ni yn canu—We are singing
Ydych chi yn dod?—Are you coming?
Rydw i yn llefain/crïo. Dydw i ddim yn canu—
    I am crying. I am not singing.
Mae Siôn yn chwarae'r ffidil—Siôn is playing the fiddle
Mae Pero yn bwyta—Pero is eating
Mae'r gath yn chwerthin—The cat is laughing

> **Llefain** *(pron.* **llefen)** = Crying *(S.W.)*
> **Crïo** = Crying *(N.W.)*

'r—the

'the'—**y/yr,** *depending on whether it is followed by a vowel or consonant:*
        e.g. **y ci**—the dog
             yr afal—the apple
yr > 'r *if it is preceded by a vowel.*

Mae'r ferch yn frwnt

Dydy'r bachgen ddim yn frwnt

Mae'r ci yn frwnt

Mae'r dyn yn darllen

Mae'r fenyw yn gweithio

Mae'r ferch yn lân

Dydy'r dyn ddim yn gweithio nac yn darllen

Mae'r ferch yn frwnt/fudr—The girl is dirty
Mae'r ci yn frwnt/fudr—The dog is dirty
Dydy'r bachgen ddim yn frwnt/fudr—The boy is not dirty
Mae'r fenyw/ddynes yn gweithio—The woman is working
Mae'r dyn yn darllen—The man is reading
Mae'r ferch yn lân—The girl is clean
Dydy'r dyn ddim yn gweithio nac yn darllen—
   The man is not working or reading

frwnt—*mutated form of* **'brwnt'** = dirty *(S.W.)*
fudr—*mutated form of* **'budr'** = dirty *(N.W.)*

fenyw < **menyw** = woman *(S.W.)*
ddynes < **dynes** = woman *(N.W.)*

Mae llygoden 'da'r gath/Mae gan y gath lygoden—The cat has a mouse
Mae llygoden 'da fi/Mae gen i lygoden—I have a mouse
Mae ci 'da fi/Mae gen i gi—I have a dog
Mae ci 'da hi/Mae gynni hi gi—She has a dog
Mae bag 'da nhw/Mae gynnyn nhw fag—They have a bag
Beth sydd 'da nhw?/Beth sydd gynnyn nhw?—What have they got?

'Da < **gyda** = with. *This is the form used in S.W.*

'Da fi
'Da ti
'Da fe,fo/hi
'Da ni
'Da chi
'Da nhw
'Da'r plant

Gen > **gan**, *the meaning of* **'gan'** *varies; consult your grammar books! This is the form used in N.W.*

Gen i
Gen ti
Gynno fo
Gynni hi
Gynnon ni
Gynnoch chi
Gynnyn nhw
Gan y plant

Mae dyn tu fâs/allan—There is a man outside
Mae'r plisman wedi dal y dyn—The policeman has caught the man
Y dynion—The men

N.B. **Mae'r dyn. . .**—The man is. . .
    Mae dyn. . .—There is a man. . .

Menywod—Women. **Dynes** *has no direct plural form.*

Merch
Merched
Bachgen
Bechgyn
Person
Pobl

Merch—Girl
Merched—Girls
Bachgen—Boy
Bechgyn—Boys
Person—Person
Pobl/personau—People/persons

<MENYWOD/MERCHED—LADIES
DYNION—GENTLEMEN

17

Tarw yw e/ydy o—It's a bull
Nid jiraff yw e/ydy o—It isn't a giraffe
Camel yw e/ydy o—It's a camel
Ai jiraff yw e/ydy o?—Is it a giraffe?
Onid Volkswagen yw e/ydy o?—Isn't it a Volkswagen?
Ble mae e/o?—Where is he?

Ble mae e/o?—*could also be translated as* where is it? *if referring to a masculine noun; feminine noun*—**ble mae hi?**

yw/ydy *is used instead of* **mae** *when sentences are constructed: subject—is/are (verb)—complement,* **yw** *being the form in S.W. and* **ydy** *being the N.W. form.*

Dal e/o!—Catch it!

Dal—To catch
Dal!—Catch, *familiar command form*
Daliwch!—Catch, *formal and plural command form*

Tynna!—Pull!
Tarwch!—Hit!
Tynna fe/fo!—Pull it!

Ffordd hyn!—This way!
Fel hyn—This way (Like this)

SIOP DDILLAD MENYWOD—WOMEN'S CLOTHES SHOP
TAFARN—PUB

Mâs/Allan!—Out!
Tu fâs/Tu allan—Outside
Mewn!—In!
I mewn—In
Cartref—Home
Gartref—At home

Person — Person

Dau berson — Two people/persons

Dau berson

Efeilliaid

Efeilliaid

Efaill

Efeilliaid—Twins
Efaill—Twin

Un—1
Dau/dwy—2 *(dau=masc. dwy=fem.)*
Tri/tair—3 *(tri=masc. tair=fem.)*
Pedwar/pedair—4 *(pedwar=masc. pedair=fem.)*
Pump—5
Chwech—6
Saith—7
Wyth—8
Naw—9
Deg—10

Dyn—Man
Menyw/Dynes—Woman
Pâr priod—Married couple
Gŵr—Husband
Gwraig—Wife

Dŵr—Water

Ci—Dog
Gi!—Dog!

In greeting, mutated form is used *(c.f. Latin vocative case)*

Tania!—Fire!
Peidiwch tanio!—Don't fire!
Taniwch!—Fire!

Y Ddraig Goch—
The Red Dragon

Rhyngddyn nhw—
Between them

Rhwng = Between

Rhyngof fi—Between me
Rhyngot ti—Between you
Rhyngddo fe/fo—Between him
Rhyngddi hi—Between her
Rhyngom ni—Between us
Rhyngoch chi—Between you
Rhyngddyn nhw—Between them
Rhwng y plant—Between the children

Dau bâr, ie?—Two pairs, is it?
Na, tri phâr!—No, three pairs!
Dim pâr!—No pair!

Tân!—Fire!
UFFERN—HELL
Sglodion?—Chips?

Dau!—Two!
Dwy arall!—Another two!
Dau arall!—Another two!

Dau/dwy—see page 23

Het = hat, *fem.word*
The babies are boys!

Sefwch!—Stand!
Eisteddwch!—Sit!
Gorweddwch!—Lie!

Sefyll—To stand
Eistedd—To sit
Gorwedd—To lie (down)

Tania!—Fire!
Na, capten, dywedwch 'Taniwch!'—No, captain, say 'Fire!'
Taniwch!—Fire!

Munud—Minute
Eiliad—Second

Llawn!—Full!
Bws—Bus

Y person cyntaf—The first person
Yr ail berson—The second person
Y trydydd person—The third person
Y person olaf—The last person

All ordinals, excepting **cyntaf** *and* **olaf,** *are placed before the noun.*

Cyntaf—First
Ail—Second
Trydydd/Trydedd—Third
Pedwerydd/Pedwaredd—Fourth
Pumed—Fifth
Chweched—Sixth
Seithfed—Seventh
Wythfed—Eighth
Nawfed—Ninth
Degfed—Tenth

'last' *is translated in two ways, depending on exact meaning.*
olaf = am y tro olaf. . .—
    For the last time. . . (the very last)
diwethaf = y tro diwethaf. . .—
    the last time. . . (the last time I read this. . .)

Carreg!—Stone!
Craig!—Rock!

How would you say 'sticks'?

Ffyn—Walking sticks
  (*sing,* = **ffon**)
Coed tân—Firewood
Matsus—Matches
Minlliw—Lipstick

Baswn i—I would
Baset ti—You would
Basai fe, fo/hi—He/she would
Basen ni—We would
Basech chi—You would
Basen nhw—They would
Basai'r plant—The children would

Faswn i ddim—I would not (be), **a.y.b.**/etc.

Faswn i?—Would I?, **a.y.b.**   39

Sut basech chi yn dweud air?—How would you say 'air'?

Gwynt—Air
Etifedd—Heir
Gwallt—Hair! ('air!)
Moel!—Bald!

Sut basech chi yn dweud post?—How would you say 'post'?

Polyn—Pole
Gwaith, machgen i!—A job, my boy!
Y post—The mail
Postio llythyr—To post a letter

Sut basech chi yn dweud ring?—How would you say 'ring'?

Ffôniwch 999!—Phone 999!
Canwch y gloch!—Ring the bell!
Modrwy—Ring

DEINTYDD—DENTIST

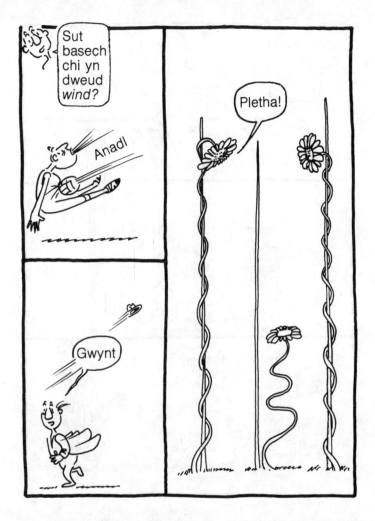

Sut basech chi yn dweud wind?—How would you say 'wind'?

Anadl—Breath
Gwynt—Wind
Pletha!—Wind!

Sut basech chi yn dweud wild?—How would you say 'wild'?

Gwynt cryf—Strong wind
Anifail gwyllt—Wild animal
Blodau gwyllt—Wild flowers

Sut basech chi yn dweud row?—How would you say 'row'?

Rydyn ni mewn rhes—We are in a row
Rhwyfwch!—Row! *(v. = rhwyfo)*
Ffrae—Quarrel *(N.W.)*
Sŵn—Noise
Cwympo mas—Quarrel/Falling out *(S.W.)*

TAFARN—PUB

45

Sut basech chi yn dweud right?—How would you say 'right'?

Cywir—Correct
De—Right
Anghywir—Wrong
Iawn?—O.K.?

Sut basech chi yn dweud one?—How would you say 'one'?

Un—One
Ungoes—One-legged
Unllygeidiog—One-eyed
Unffordd—One way

UFFERN—HELL

48

Sut basech chi yn dweud fast?—How would you say 'fast'?

Cloi—Fast/quick *(S.W.)*
Ymprydio—To fast
Cyflym—Fast/quick *(N.W.)*
Mae gafael tynn 'da fi/Mae gen i afael tynn—I have a tight grip
Mae gafael tynn 'da finnau!/Mae gen innau afael tynn!—
I also have a tight grip!

       Minnau—I also
       Tithau—You also
       Yntau—He/him also
       Hithau—She/her also
       Ninnau—We/us also
       Chwithau—You also
       Hwythau—Them/they also
       Hwythau'r plant—The children also

Sut basech chi yn dweud bow?—How would you say 'bow'?

Bwa—Bow
Tei-bô—Bow tie
Blaen llong—Bow (of ship)
Bow-wow!

Sut basech chi yn dweud bar?—How would you say 'bar'?

Baryn—Bar
Bar—Bar
Tafarn—Bar/pub

Sut basech chi yn dweud sign?—How would you say 'sign'?

Golwg glaw arni!—Sign of rain!/Looks like rain
Ôl diod—Sign (mark) of drink
Arwyddwch eich enw!—Sign your name!
Beth mae'r arwydd yn dweud?—What does the sign say?

GOFAL! TWLL!—BEWARE! HOLE!
GOFAL! TWLL ARALL!—BEWARE! ANOTHER HOLE!

fy—my
dy—your
ei/ei—his/her
ein—our
eich—your
eu—their

All cause different mutations. Consult grammar books!

Sut basech chi yn dweud fresh?—How would you say 'fresh'?

Awyr lân!—Clean air!
A! Awel iach—Ah! A fresh breeze!
Rydw i *newydd* **eillio**—I have *just* shaved
Dydy'r pysgodyn ddim yn ffres!—The fish is not fresh!

Lân < glân = clean

Sut basech chi yn dweud light?—How would you say 'light'?

Tân, os gweli yn dda—A light, please
GOLAU!—LIGHT!
Mae'r sach yn ysgafn—The sack is light
I lawr!—Down! (Alight!)

Sut basech chi yn dweud neat?—
  How would you say 'neat'?
Dim dŵr, diolch!—No water, thank you!
WISGI—WHISKY
Ysgrifen deidi/daclus—Tidy writing
Teidi/Taclus—Tidy
Blêr—Untidy
Pert/Del—Neat/Pretty

Deidi < Teidi
  = Tidy *(S.W.)*
Daclus < Taclus
  = Tidy *(N.W.)*

Pert = Pretty *(S.W.)*
Del = Pretty *(N.W.)*

Rydw i yn cysgu—I am asleep/sleeping
Mae hi yn cysgu—She is asleep/sleeping
Mae e/o yn cysgu—He is asleep/sleeping

Rho halen arno fe/fo!—Put salt on it!
Rho ben arno fe/fo!—Put a head on it!
Rho ben arno fe/fo!—Put a head on him!

Edrych ar hwnna!—Look at that!

Hwnna—That *(masc. form)*
Honna—That *(fem. form)*
Rheina—Those
Hwn—This

Rydw i yn fach!—I am small!
Rydw i yn fawr!—I am big!
Rydyn ni yn fach!—We are small!
Maen nhw yn fawr!—They are big!
Rydyn ni yn fawr!—We are big!

fach < **bach** = small
fawr < **mawr** = big

Mae hi yn rhy hir!—It is too long!

Ffon—Stick
Rhaff—Rope } **geiriau benywaidd**—feminine nouns
Plethen—Plait

Gwisga fe/fo!—Wear it!
Gwisga nhw!—Wear them!

Mwgwd = Mask *(masc. noun)*

Dydw i ddim â fy mhen i lawr!—I am not upside down!
Mae'r wlad â'i phen i lawr!—The country is upside down!

I ddechrau. . .—To begin with. . ./At first. . .
Ac wedyn. . .—And then. . .

Symud dy law!—Move your hand!
Symud dy bawen!—Move your paw!
Symud dy law, washi!—Move your hand, shorty!

Washi—*not a direct translation of 'shorty' but it achieves almost the same effect here! It is a North Walian word.*

> **law < llaw =** hand
> **bawen < pawen =** paw

Nid fan hyn!—Not here!

PWLL NOFIO—SWIMMING POOL

Un bren yw/ydy hi!—It is a wooden one!
Pren yw'r/ydy'r pen!—The head is a wooden one!
Un haearn yw/ydy hi!—It is an iron one!

yw/ydy = is
subject—is/are *(verb)*— *complement construction*
Grammar book time!

Rydw i yn gwisgo het—I am wearing a hat
Dydw i ddim yn gwisgo esgidiau—I am not wearing shoes
Pwy daflodd y garreg yna?—Who threw that stone?

Taflu = To throw

Teflais i—I threw
Teflaist ti—You threw
Taflodd e, o/hi—He/She threw
Taflon ni—We threw
Tafloch chi—You threw
Taflon nhw—They threw
Taflodd y plant—The children threw

garreg < carreg = stone

Mae twll ynddi hi—There's a hole in it
Mae twll ynddo fe/fo—There's a hole in it

yn = in

Ynof fi—In me
Ynot ti—In you
Ynddo fe/fe—In him
Ynddi hi—In her
Ynom ni—In us
Ynoch chi—In you
Ynddyn nhw—In them
Yn y plant—In the children

Look for the necessary words in the dictionary—it also notes gender.

Gollwng e/o!—Free it!/Let it go!
Pwy ollyngodd nhw?—Who let them out?
Paid â gollwng y dŵr!—Don't let the water out!

Does dim llawer!—There isn't much!

Rydw i yn rhy gynnar!—I am too early!
Dydw i ddim yn rhy gynnar!—I am not too early!
Rwyt ti yn rhy gynnar!—You are too early!

gynnar < cynnar = early

Munud bach arall!—Another minute!

Roeddwn i wedi blino—I was tired
Roedd mam yn grac/flin—Mum was cross
Roedd dyn S.W.E.B./M.A.N.W.E.B. yma!—The S.W.E.B/ M.A.N.W.E.B. man was here!
Roedd syched arna i—I was thirsty

grac < **crac** = cross *(S.W.)*
flin < **blin** = cross *(N.W.)*

Roeddwn i—I was
Roeddet ti—You were
Roedd e, o/hi—He/she was
Roedden ni—We were
Roeddech chi—You were
Roedden nhw—They were
Roedd y plant—The children were

Cau e/o!—Shut it!
Cau hi!—Shut it!
Cau e/o!—Shut it!

Siarad = To talk

Rho halen arno fe!—Put salt on it!
Rho do arno fe!—Put a roof on it!
Rho fin arni hi!—Put a point on it!/Sharpen it!

Mae hi'n hwyr—It is late
Rydw i'n hwyr—I am late
Mae hi'n hwyr—She is late

MAES AWYR—AIRPORT

Yw e/Ydy o yn fawr?—Is he big?
Wyt ti yn fach?—Are you small?
Mae e/o yn fyr!—It is short!
Mae'r ffordd yma yn fyr—ac mae'r ffordd yna yn hir!—
This road is short—and that road is long!

Ydw i?—Am I?
Wyt ti?—Are you?
Yw e, Ydy o/Yw hi, Ydi hi?—Is he/she?
Ydyn ni?—Are we?
Ydych chi?—Are you?
Ydyn nhw?—Are they?
Yw'r/Ydy'r plant?—Are the children?

Ble mae e/o yn mynd?—Where is he going?
Ble ydych chi'n mynd?—Where are you going?

SIOP TRIN GWALLT—HAIRDRESSER

Glywaist ti hon?—Did you hear this one?
Chlywais i ddim byd—I didn't hear a thing
Glywaist ti gath?—Did you hear a cat?

Glywais i?—Did I hear?
Glywaist ti?—Did you hear?
Glywodd e, o/hi?—Did he/she hear?
Glywon/Glywson ni?—Did we hear?
Glywoch/Glywsoch chi?—Did you hear?
Glywon/Glywson nhw?—Did they hear?
Glywodd y plant—Did the children hear?

Chlywais i ddim—I did not hear
Chlywaist ti ddim—You did not hear
Chlywodd e, o/hi ddim—He/she did not hear
Chlywon/Chlywson ni ddim—We did not hear
Chlywoch/Chlywsoch chi ddim—You did not hear
Chlywon/Chlywson nhw ddim—They did not hear
Chlywodd y plant ddim—The children did not hear

gw. hefyd t.120—see also p.120

Ble oedden nhw?—Where were they?
Ble mae e/o?—Where is he?
Ble mae fy nhrowser/nhrowsus i?—Where is my trousers?

   Trowser—Trousers *(S.W.)*
   Trowsus—Trousers *(N.W.)*

Oeddwn i?—Was I?
Oeddet ti?—Were you?
Oedd e, o/hi?—Was he/she?
Oedden ni?—Were we?
Oeddech chi?—Were you?
Oedden nhw?—Were they?
Oedd y plant?—Were the children?

Pa un?—Which one?
Pa un wyt ti eisiau?—Which one do you want?

Pa? = Which?
Pwy? = Who?
Ble? = Where?
Pryd? = When?
Beth? = What?
Pam? = Why?
Sut? = How?

Sut galla i yfed?—How can I drink?
Sut galla i fwyta?—How can I eat?
Sut basech chi yn dweud how
    yn Gymraeg?—How would you
    say **'how'** in Welsh?

Galla i—I can
Galli di—You can
Gall e, o/hi?—He/she can
Gallwn ni—We can
Gallwch chi—You can
Gallan nhw—They can
Gall y plant—The children can

Sut mae chwarae hwn?—How do you play this?
Sut mae chwarae rygbi?—How do you play rugby?

Pwy sydd yna?—Who's there?
Cnoc! cnoc!—Knock! knock!

Pwy sydd i lawr yna?—Who's down there?
Pwy sydd lan/i fyny yna?—Who's up there?

Lan = up *(S.W.)*
I fyny = up *(N.W.)*

Tafla'r bêl i lawr!—Throw the ball down!
Wyt ti'n dod i lawr?—Are you coming down?
Hwrê! Pwynt arall!—Hurrah! Another point!

Pwy biau'r rhain?—Who owns these?
Pwy biau hwn?—Who owns this?
Pwy biau hon?—Who owns this?

Ble mae'r tywel/lliain sychu?—Where's the towel?
Ble mae'r tŷ bach?—Where's the toilet?
Ble mae fy ngŵr i ?—Where's my husband?

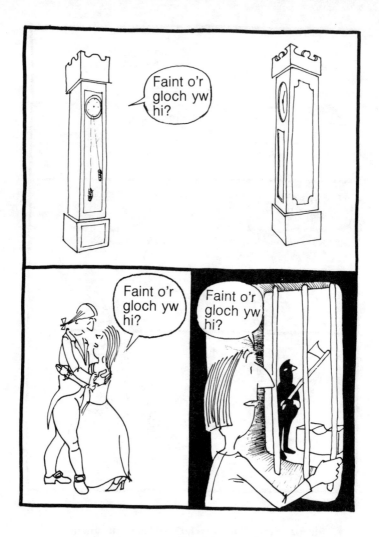

Faint o'r gloch yw/ydy hi?—What time is it?

Who did this?

Who made the tea?

Gwnes i—I made/did
Gwnest ti—You made/did
Gwnaeth e, o/hi—He/she made/did
Gwnaethon ni—We made/did
Gwnaethoch chi—You made/did
Gwnaethon nhw—They made/did
Gwnaeth y plant—The children made/did

Oes matsien 'da ti?/Oes gen ti fatsien?—Have you got a match?
Oes ceiniog 'da ti?/Oes gen ti geiniog?—Have you got a penny?
Oes mwrthwl/morthwyl 'da ti?/Oes gen ti fwrthwl/forthwyl?—
Have you got a hammer?

mwrthwl = hammer *(S.W.)*
morthwyl = hammer *(N.W.)*

Yw e/Ydy o yn barod eto?—Is it ready yet?
Dydy hi ddim yn barod eto—She isn't ready yet
Dydw i ddim yn barod eto—I am not ready yet

Wyt ti yn fy ngweld i?—Can you see me?
Rydw i yn gweld dim—I see nothing
Rydw i yn gweld DIM—I see NOTHING

Beth yw/ydy fy enw i?—What's my name?
Beth yw/ydy dy enw di?—What's your name?
Beth yw/ydy ei enw e/o?—What's his name?
Beth oedd ei enw e/o?—What was his name?

Roiaist ti'r gath mas/allan?—Did you put the cat out?
Paid â rhoi ceiniog arno fe—Don't put a penny on him
Rhoiais i fwstard arno fe—I put mustard on it

gw. t.58 a 79—see pp. 58 and 79

Welaist ti'r llall?—Did you see the other one?
Weloch chi Jill?—Did you see Jill?
Welodd y plisman fi, tybed?—
    Did the policeman see me, I wonder?

Bydd hi'n wlyb—It will be wet
Fydd hi ddim yn wlyb—It will not be wet
Gwlycha i'r te—I will wet the tea

Bydda i—I will be
Byddi di—You will be
Bydd e, o/hi—He/she will be
Byddwn ni—We will be
Byddwch chi—You will be
Byddan nhw—They will be
Bydd y plant—The children will be

Gwlychu = To wet

Gwlycha i—I will wet
Gwlychi di—You will wet
Gwlychith e, o/hi—He/she will wet
Gwlychwn ni—We will wet
Gwlychwch chi—You will wet
Gwlychan nhw—They will wet
Gwlychith y plant—The children will wet

Cerdda i—I will walk
Rheda i—I will run
Cherdda i ddim—I will not walk

Cerdded = To walk

Cherdda i ddim—I will not walk *a.y.b.*

Gerdda i?—Will I/Shall I walk? *a.y.b.*

Tase mwrthwl/morthwyl 'da fi/Tasa gen i fwrthwl/forthwyl—
If I had a hammer
Tase cwpan ŵy 'da fi/Tasa gen i gwpan ŵy—If I had an egg-cup
Tase sglodion 'da fi/Tasa gen i sglodion—If I had chips
Tase crib 'da fi/Tasa gen i grib—If I had a comb

Tase 'da fi *(S.W.)*
Tase gen i *(N.W.)*   **Tasai > Tase/tasa =** if *(in the sense of if only. Grammar books!)*

Tase'r/tasa'r llanw'n dod i mewn. . .—If the tide came in. . .
Tase/tasa ti'n sefyll yn llonydd. . .—If you stood still. . .
Tase/tasa ti'n prynu papur newydd. . .—If you bought a
newspaper. . .

'n < yn *following a vowel*

Os deffrith e/o. . .—If he wakes. . .
Os yfa i hwn. . .—If I drink this. . .
Os agori di'r drws. . .—If you open the door. . .

Os = if *(all tenses except conditional tenses. The grammar books are probably still out anyway!)*

Os cani di. . .—If you sing. . .
Os cusanith e/o hi. . .—If he kisses her. . .
Os gwthi di fi. . .—If you push me. . .

Tase fe'n/Tasa fo'n tyfu. . .—If it grew. . .
Tase/Tasa hi'n tyfu. . .—If she grew. . .
Tase/Tasa ti'n tyfu. . .—If you grew. . .

Os torrith hwn. . .—If this breaks. . .
Os gwlychith hi. . .—If it gets wet. . .
Os syrthith yr awyr. . .—If the sky falls. . .

Rhag ofn iddi fwrw glaw—In case it rains
Rhag ofn!—In case!
Rhag ofn na ddeffra i mewn pryd—
    In case I won't wake in time

Tase ceffyl 'da fi. . ./Tasa gen i geffyl. . .—If I had a horse. . .
Tase cyfrwy 'da fi. . ./Tasa gen i gyfrwy. . .—If I had a saddle. . .
Tase'r/Tasa'r het yn fwy. . .—If the hat was bigger. . .
Tase/Tasa dy ben di'n llai. . .—If your head was smaller. . .

Rydw i'n bwyta—I am eating
Rydw i wedi ei fwyta fe/fo—I have eaten it
Rydw i'n torri cerrig—I am cutting stones
Rydw i wedi eu torri nhw—I have cut them
Rydw i'n gweu sgarff—I am knitting a scarf
Rydw i wedi ei gorffen hi—I have finished it
Rydw i'n yfed diod—I am drinking
Rydw i wedi ei gorffen hi—I have finished it

For full details, turn to your grammar books.

Fy nghi!—My dog!
Fy nhad!—My father!
Fy nghar!—My car!
Fy nghinio!—My dinner!
Fy sbectol!—My glasses!

Mutations!

Ei llun hi

Ei lun e

Ei phen hi

Ei ben e

Ei horiawr hi

Ei sbectol hi

Ei sbectol e

Ei oriawr e

Ei hambarél hi

Ei ambarél e

Ei esgidiau e

Ei hesgidiau hi

Ei llun hi—Her picture
Ei lun e/o—His picture
Ei horiawr hi—Her watch
Ei oriawr e/o—His watch
Ei sbectol hi—Her glasses
Ei sbectol e/o—His glasses
Ei hesgidiau hi—Her shoes
Ei esgidiau e/o—His shoes
Ei hambarél hi—Her umbrella
Ei ambarél e/o—His umbrella
Ei phen hi—Her head
Ei ben e/o—His head

Dy drowser/drowsus—Your trousers
Dy wraig—Your wife
Dy gynffon—Your tail
Dy bêl—Your ball

Dydw i ddim yn cofio—I don't remember
Dwyt ti ddim yn cofio Mair?—Don't you remember Mair?
Dydyn ni ddim yn cofio—We don't remember
Arhoswch! Mae e/o'n cofio!—Stop! He remembers!

FFÔN—PHONE

Alli di?—Can you?
Galla, rydw i'n credu—Yes, I think so
Dydw i ddim yn credu—I don't think so
Galla i ddim—I can't
Alli di nofio?—Can you swim?

Pwy sydd gyda/efo ti?—Who's with you?
11474 sydd gyda/efo fi—11474 is with me
11474 yw/ydy fy enw i—My name is 11474
Pwy sydd gyda/efo chi?—Who's with you?
11475 sydd gyda/efo ni—11475 is with us
11475 ydw i. Rydw i gyda/efo hi, a gyda fe/efo fo—
   I am 11475. I am with her, and with him
Ai 11457 oedd gyda/efo nhw?—Was it 11457 with them?
Na, 11475. Ei enw yw Siôn—No, 11475. His name is Siôn
Mae Siôn gyda/efo ni—Siôn is with us

yn = in

Ynof i—In me
Ynot ti—In you
Ynddo fe/fo—In him
Ynddi hi—In her
Ynom ni—Ynom ni
Ynoch chi—In you
Ynddyn nhw—In them
Yn y plant—In the children

Beth sydd ynot ti?—What's in you?
Mae cath ynof i—There's a cat in me
Rydw i ynddo fe/fo—I am in it
Mae cyw iâr ynddo fe/fo—There's a chicken in it
Mae cyw iâr ynon ni—There's a chicken in us
Beth sydd ynoch chi?—What's in you?
Beth sydd ynddo fe/fo?—What's in it?

i = to/for

I mi—To/for me
I ti—To/for you
Iddo fe/fo—To/for him
Iddi hi—To/for her
I ni—To/for us
I chi—To/for you
Iddyn nhw—To/for them
I'r plant—To/for the children

Rho geiniog i mi—Give me a penny
Iddi hi—For her
Iddo fe/fo—For him
I ti—For you
Beth gefaist ti i ni?—What did you get for us?
Beth roiodd e/o i chi?—What did he give (to) you?
Beth gefaist ti iddyn nhw?—What did you get for them?

Mae pawb o'u blaenau nhw—Everybody is before them
Oes unrhyw un o fy mlaen i?—Is anyone before me?
Mae pedwar o dy flaen di—There are four before you
Mae dau o'u blaenau nhw—There are two before them
Mae tri o'i blaen hi—There are three before her
Oes unrhyw un o'n blaenau ni?—Is there anyone before us?
Mae un person o dy flaen di—There is one person before you

o fy mlaen i = before me/in front of me

Cywilydd!—Shame!
Blinder!—Tiredness!
Annwyd—A cold
Côt fawr—A large coat/Overcoat
Syched—Thirst
Llaeth—Milk
Eisiau bwyd—Hungry

Roeddwn i'n glanhau'r simnai—I was cleaning the chimney
Roeddet ti'n yfed—You were drinking
Roedden ni yn y dŵr—We were in the water
Roedd e/o yn y banc—He was in the bank
Roedd hi yn y siop trin gwallt—She was at the hairdresser
Roeddech chi'n ymladd—You were fighting
Roedden nhw yn Hawaii—They were in Hawaii

yn *in the sense of* 'in' *does not change to* **'n** *after a vowel*

Rydw i'n unig—I am lonely
Rydw i wedi blino—I am tired
Mae annwyd arni hi—She has a cold
Rydyn ni'n gwisgo côt fawr—We are wearing an overcoat
Ydych chi eisiau bwyd?—Are you hungry?
Does dim cywilydd arnat ti?—Aren't you ashamed?
Maen nhw eisiau bwyd—They are hungry

Oeddwn i'n cysgu?—Was I asleep?
Oeddet ti allan?—Were you out?
Oeddech chi yn fy mherllan i?—Were you in my orchard?
Oedd e/o'n ddrwg?—Was he bad?
Oedd cyrn 'da fe?/Oedd ganddo fo gyrn?—Did he have horns?
Oeddech chi mewn parti?—Were you in a party?

Doeddet ti ddim yn gwrando—You were not listening
Doeddwn i ddim yn edrych—I was not looking
Doedd y gath ddim yno—The cat was not there
Doedd e/o ddim mewn pryd—He wasn't in time
Doedd dim lle i mi—There was no room for me
Doedd dim dŵr ynddo fe/fo—There was no water in it

Doeddwn i ddim—I wasn't
Doeddet ti ddim—You weren't
Doedd e, o/hi ddim—He/she wasn't
Doedden ni ddim—We weren't
Doeddech chi ddim—You weren't
Doedden nhw ddim—They weren't
Doedd y plant ddim—The children weren't

Mae hi'n wyntog—It's windy
Mae hi'n boeth—It's hot
Mae'r tywydd yn wael—The weather is bad
Mae'r tywydd yn braf—The weather is fine
Mae hi'n wlyb—It's wet
Mae hi'n wlyb iawn—It's very wet

Beiciwr oedd e/o?—Was it a cyclist?
Cerddwr oedd e/o—It was a pedestrian
Cerddwr oedd e/o?—Was it a pedestrian?
Nid dŵr oedd e/o?—It wasn't water?
Lleidr oedd e/o?—Was it a thief?
Storm oedd hi?—Was it a storm?

Y llwyn—The bush
Y nodwydd—The needle
Y llygad—The eye
Y corrach—The dwarf
Y trwyn—The nose
Y mêl—The honey
Y llwy—The spoon

Mae e/o'n dod—He is coming
Maen nhw'n dod—They are coming
Maen nhw wedi mynd—They have gone
Maen nhw'n dod yn ôl—They're coming back

Mae e/o'n mynd i lawr—He's going down
Mae e/o wedi cyrraedd!—He's arrived!
Mae e/o'n dod lan/i fyny—He's coming up

CLYNC!—CLUNK!

Maen nhw wedi mynd—They have gone
Mae hi wedi mynd—She has gone/It's gone

Neidiodd hi—She jumped
Neidiodd e/o—He jumped
Neidion nhw—They jumped
Neidiais i ddim, cwympais i!/syrthiais i!—I didn't jump, I fell!

Cwympo = To fall *(S.W.)*
Syrthio = To fall *(N.W.)*

Gwisgo het—To wear a hat
Wedi treulio—Worn out
Ysmygu—To smoke
Gwastraff—Waste
Gwario—To spend
Gwastraffu—To waste

SBWRIEL—LITTER

Yn sydyn

Yn araf

Yn ddewr

Yn sydyn—Suddenly
Yn araf—Slowly
Yn ddewr—Boldly/Bravely

Agor!—Open!
Llynca!—Swallow!
Paid ag agor!—Don't open!
Paid â llyncu!—Don't swallow!
Ewch!—Go!
Paid â mynd!—Don't go!

*â changes to **ag** before a vowel*

Gwranda!—Listen!
Gwrandewch!—Listen!
Paid â gwrando!—Don't listen!

Wyth o'r gloch—Eight o'clock
Hanner awr wedi wyth—Half past eight
Pum munud i naw—Five minutes to nine
Pum munud i dri—Five minutes to three
Tri o'r gloch—Three o'clock
Deg o'r gloch—Ten o'clock

Hanner awr wedi—Half past
Chwarter i/wedi—Quarter to/past
Deng munud—Ten minutes
Ugain munud—Twenty minutes
Pum munud ar hugain—Twenty five minutes

148

Dwyt ti ddim yn gwisgo trowser/trowsus i frecwast?—
Don't you wear trousers to breakfast?
Rydw i'n gwisgo het—I'm wearing a hat
Wyt ti'n cymryd siwgr?—Do you take sugar?
Na—No
Dwyt ti ddim yn yfed te?—Don't you drink tea?
Na—No
Rydw i'n golchi fy ngwallt gyda fe/efo fo—I wash my hair with it
Rydw i'n golchi fy ngwallt i gyda/efo siwgr—I wash my hair
with sugar

Chwith! De! Chwith!—Left! Right! Left!
Trowch i'r chwith!—Turn to the left!
Trowch i'r dde!—Turn to the right!
Y droed dde!—The right foot!
Y droed chwith!—The left foot!

Cwympodd/Syrthiodd hi—It fell
Cwympais/Syrthiais i—I fell
Cwympon/Syrthion nhw—They fell
Cwympon/Syrthion ni—We fell

Mae nhw'n mynd lan/i fyny—They are going up
Mae e/o'n dod i lawr—He's coming down
Mae hi lan/i fyny—She's up
Mae hi'n dod i lawr—She's coming down

Ysgol Gynradd—Primary School
Ysgol Uwchradd—Secondary School
Prifysgol—University

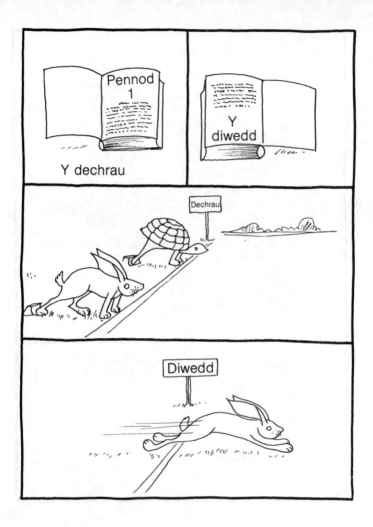

Pennod 1—Chapter 1
Y dechrau—The beginning
Y diwedd—The end

Ynganu
(Pronunciation)

Dyma sut i ynganu llythrennau yn Gymraeg.
This is how to pronounce letters in Welsh.

Does dim llythrennau tawel—mae pob un yn cael ei hynganu.
There are no silent letters—all are pronounced.

Gyda rhai eithriadau, mae'r acen yn syrthio ar y sillaf olaf ond un.
With a few exceptions, the accent falls on the last syllable but one.

a—as in 'hard'
b—b
c—k
ch—as in Bach (the composer)
d—d
dd—as in 'the'
e—as in 'self'
f—v
ff—as in 'farmer'
g—as in 'garden'
ng—as in 'long'
h—as in 'hat'
i—as in 'tea' or 'tin'
j—j
l—l
ll—as in Llanelli. *This does not occur in English. Place the tongue on the roof of the mouth near the teeth to pronounce 'l', then blow voicelessly.*
m—m
n—n
o—as in 'pond'
p—p
ph—as in Phillip
r—r
rh—as in 'rhinoceros'
s—as in 'song', never as in 'as'
t—t
th—as in 'cloth'
u—roughly as Welsh **'i'**
w—as in 'boon' or 'cook'
y—as in 'run' or 'tea' or 'tin'

Tabl Treigladau
(Mutation Table)

A mutation is a change occurring in the first letter of words on certain occasions, depending on what comes before it.

Keep mutations in mind especially when you are looking for words in the dictionary.

MEDDAL/SOFT	TRWYNOL/NASAL	LLAES/ASPIRATE
C → G	NGH	CH
P → B	MH	PH
T → D	NH	TH
G drops out	NG	does not mutate
B → F	M	does not mutate
D → DD	N	does not mutate
LL → L	does not mutate	does not mutate
M → F	does not mutate	does not mutate
RH → R	does not mutate	does not mutate

Your Grammar Books will have a complete chart of mutations.